옮김 조은형

성균관대학교 의상학과를 졸업한 후 이화여자대학교 통번역 대학원 한영번역과를 졸업했다. 현재 번역 에이전시 엔터스코리아에서 출판 기획자 및 전문 번역가로 활동하고 있다. 주요 역서로는 『샤넬: 자유, 사랑 그리고 미학』, 『양말 신는 법』, 『어반 스케치 핸드북: 101가지 스케치 팁』, 『어반 스케치 핸드북: 인물과 움직임』, 『브리지먼 동작 드로잉』, 『인물 드로잉(완역본)』, 『내가 만든 명품 천, 탐나는 가방』 등이 있다.

금빛 너머 구스타프 클림트

글 베레니스 카파티 | **그림** 옥타비아 모나코 | **옮김** 조은형 | **펴낸날** 2022년 12월 5일 초판 1쇄
펴낸이 김상수 | **펴낸곳** 루크하우스 | **기획·편집** 이성령, 권정화, 전다은 | **디자인** 문정선, 조은영 | **영업·마케팅** 황형석, 임혜은
주소 서울시 서초구 사임당로 50 해양빌딩 504호 | **전화** 02)468-5057 | **팩스** 02)468-5051 | **출판등록** 2010년 12월 15일 제2010-59호
www.lukhouse.com cafe.naver.com/lukhouse

ISBN 979-11-5568-543-3 74600   ISBN 979-11-5568-506-8(세트)

※ 잘못된 책은 구입처에서 바꾸어 드립니다.
※ 값은 뒤표지에 있습니다.

상상의집은 ㈜루크하우스의 아동출판 브랜드입니다.

And here is KLIMT by Bérénice Capatti and Octavia Monaco
Texts © Bérénice Capatti
Illustrations © Octavia Monaco
Copyright © "Edizioni Arka S.r.l., Milano 73/75 - 20010 Cornaredo (Milano), Italia"
Credito fotografico:
Photoservice Electa, Milano
Diritti riservati per tutti i Paesi
Korean translation rights © Lukhouse 2022
Korean translation rights are arranged with Il Castello S.R.L. through AMO Agency, Korea
All rights reserved.

이 책의 한국어판 저작권은 AMO에이전시를 통해 저작권자와 독점 계약한 루크하우스에 있습니다.
저작권법에 의해 한국 내에서 보호를 받는 저작물이므로 무단 전재와 무단 복제를 금합니다.

금빛 너머
구스타프 클림트

베레니스 카파티가 쓰고
옥타비아 모나코가 그리다.

어서 오세요. 물감과 기름과 캔버스* 냄새가 나지요?
구스타프 클림트의 작업실을 마음껏 둘러보세요.
꽃병에 보관하는 붓들과 탁자 위에 늘어놓은 물감들을 보세요.
원한다면 몇 시간이고 여기서 그가 작업하는 모습을 구경할 수도 있답니다.
하지만 클림트는 당신을 보지 못해요.
당신이 크고 작은 소리를 내도 들을 수 없을 거예요.
그가 이젤 앞에서 작업할 때면 항상 그런 식이랍니다.
세상에는 아무도 없고 오직 물감과 캔버스만 있지요.
몇 시간 혹은 며칠 동안 말이죠.

그는 연인을 그리고 있어요.
너무 사랑스럽게 그려서 마치 진짜처럼 보일 지경이죠.
금으로 만든 잎으로는 그들의 사랑을 장식하고 있군요.
금 위에는 장미를 그리네요. 마치 그의 정원 속 장미 같아요.
그가 매일 아침 창문과 물가에서 바라보는 바로 그 장미 말이에요.

*캔버스 유화를 그릴 때 쓰는 천.

구스타프는 매일 아침 일찍 조용한 정원에서 꽃을 돌본답니다.
이 시간이면 구스타프의 고양이인 나 외에 그와 함께할 사람은 아무도 없지요.
어쩌면 그가 나를 일부러 선택한 것인지도 몰라요.
그는 생각에 잠겨서 낙엽을 모으죠.
보석 세공사였던 아버지와 오페라 가수를 꿈꿨던 어머니.
네 명의 자매 클라라, 헤르미나, 안나, 요한나 그리고 동생 게오르그을 떠올릴 거예요.
가장 좋아했던 동생인 에른스트도 당연히 생각하겠죠.
그와 구스타프는 모든 것을 나누는 사이였어요.
어릴 때 둘은 같이 게임을 하고, 같은 미술 학교에서 그림을 공부하고 함께 작업했죠.
고향 빈의 가장 영향력 있는 극장에 함께 그림을 그리기도 했답니다.

오후가 되면 작업실에 모델들이 도착하면서 활기를 띠기 시작해요.
구스타프는 포즈를 설명하고, 모델들은 그대로 서서 움직이지 않았죠.
때로는 옷을 입고, 때로는 알몸으로 포즈를 취했어요.
구스타프는 작은 종이에 수도 없이 많은 스케치를 했고, 스케치가 바닥에 떨어져도 그대로 두었어요.
사람을 잘 그리려면 엄청난 연습이 필요해요.
신체 부위를 먼저 꼼꼼하게 살핀 후 그려야 자연스러워 보이거든요.
그가 열심히 작업하는 동안 우리 고양이들은 흐트러진 종이 위를 마음껏 밟고 뒹굴었어요.
구스타프는 우릴 보고 웃으며 말했어요.
"너희들 오줌 때문에 정착액*이 따로 필요 없구나."
우리 오줌 때문에 종이에 그린 선이 지워지지 않고 그대로 남아 있었던 것이죠.
정말로 그랬는지는 모르지만, 구스타프는 우릴 편안하게 두었던 것 같아요.

---
*정착액 서양화에서 분필이나 목탄, 콩테, 연필 등으로 그린 그림이 지워지거나 손상되는 것을 방지하기 위하여 회화의 표면에 뿌리는 조합제의 일종.

모델을 그리는 것만으로는 충분하지 않아요.
다른 작가들이 뭘 하고 있는지 아는 것도 중요해요.
"더 나은 것을 배우려면 뭐든지 봐야 해."
구스타프는 말했어요.
"아름답지 않은 작품일지라도 말이야."
그는 종종 미술관에서 고대 미술을 감상했어요.
시리아의 조각, 그리스의 항아리, 이집트와 중국의 예술 작품을 꼼꼼하게 살펴봤지요.
그는 작은 빨간색 연습장을 들고 돌아다니며 스케치하거나 메모했어요.
자신의 상상력을 자극했던 모티프를 기억하고, 그것으로 그림 속 인물의 주변을 장식했지요.
그렇게 자신만의 방식으로 새로운 작품을 만들었답니다.

하지만 모든 이들이 새로운 형태의 예술에 찬사를 보내지는 않았어요.
보던 것만 보고 싶어 하는 사람들이 있었거든요.
바로 내 옆에서 투덜대는 사람들처럼요.
"아니, 무슨 지붕이 저 모양이야? 양배추에 금칠이라도 한 거야?"
"금칠한 양배추는 내 발이다, 이 양반아."
나는 화가 나서 쏘아붙였죠.
내가 보기에 그 동그란 지붕은 너무나도 아름다웠으니까요.
나는 구스타프가 만든 새로운 건물을 보려고 여기까지 한달음에 왔어요.
그곳은 구스타프가 화가, 조각가, 건축가 등 다양한 친구들과 함께 지은 건물이었어요.
그들은 기존의 예술이 만들어 놓은 규칙에 몸서리를 쳤어요.
자신들이 느끼는 대로 표현할 수 있는 자유로움을 원했거든요.
그래서 그들은 제체시온*이라는 독립 단체를 만들었답니다.
제체시온 건물에서는 자신들의 작품뿐 아니라 다른 작가의 작품도 전시했어요.
유명한 외국 작가들을 초대해서 다른 나라의 작품을 소개하고
새로운 아이디어를 받아들이는 것을 중요하다고 여겼기 때문이에요.

*제체시온(빈 분리파) 19세기 말 보수적인 예술에서 벗어나 자유로운 예술을 하고자 했던 예술가 단체.

동그란 지붕을 보고 '금칠한 양배추'라고 생각했던 사람 외에도
새로운 예술에 적대적인 사람이 많았어요.
구스타프는 빈 대학 대강당을 위한 그림 세 점을 의뢰받아 스케치했는데,
이 작품들을 본 교수들은 엄청나게 분노했거든요.
그림은 빈 대학에서 가르치는 세 가지 과목인 철학, 의학, 법학을 주제로 한 작품들이었죠.
교수들은 평화롭고 평온한 그림을 원했는데,
구스타프는 삶과 죽음, 공포, 사랑, 슬픔과 같은
감정을 적나라하게 드러낸 사람들을 그렸어요.
교수들은 단정하고 얌전한 이미지를 기대했지만,
구스타프는 빈 곳에서 벌거벗은 사람들이 꿈속을 헤매듯 서성이는 그림을 그렸죠.

비판의 목소리가 너무 컸기에 그는 그림을 도로 가져가기로 했어요.
제대로 된 평가를 받지 못할 바에는 그림을 다시 사는 편이 낫다고 여겼지요.
"나에게 중요한 것은 '내 작품에 많은 이들이 열광하는 것이 아니라 누가 열광하는가'란다."
그는 종종 나에게 윙크하며 말했어요.
내가 그 작품을 좋아하는지 알고 싶었던 게 아닐까요?

나는 그를 따라다니며 새로운 무언가를 발견하는 순간을 가장 좋아해요.
어느 날, 클림트와 나는 이탈리아로 출발했어요.
나는 베네치아에 도착하자마자 고양이 친구를 찾아 거리를 돌아다녔어요.
하지만 그는 생각이 달랐어요. 오직 예술, 예술, 머릿속에는 예술 생각뿐이었지요.
라벤나에 도착하자 그는 안도의 한숨을 내뱉었어요.
"드디어 찾았다!"
나는 이유가 궁금했어요. 하지만 교회에 발을 들이는 순간 이해할 수 있었어요.
눈앞에 금과 선명한 빛깔의 유리 조각으로 벽면을 끝없이 수놓은 모자이크가 펼쳐졌어요.
나조차도 걸음을 멈추고 그 작품에 사로잡혀 감탄을 금치 못했어요.
물론 나는 예술에 대해 아는 바가 없지만요.
구스타프는 몇 시간이고 감상하고 또 감상했어요.
그는 영감을 받아 어떤 그림을 그릴지 생각하고 있었을 거예요.

우리는 곧 집으로 돌아왔어요. 구스타프가 빈을 몹시 그리워했거든요.
그는 여행을 즐기는 사람이 아니었어요. 구스타프는 작업실로 가서 종일 작업했답니다.
작업이야말로 그가 언제나 시작하는 즐거운 여행이었죠.
그는 지금 에밀리의 초상을 그리고 있어요.
때때로 기분 전환을 위해 정원으로 나가 걸으며 나를 쓰다듬기도 했어요.
물론 나만 쓰다듬은 건 아니었어요. 고양이 여덟 마리가 함께 살고 있었으니까요.
구스타프는 막대기를 여러 개 주워다가 저글링을 시도하곤 했어요.
하지만 특별히 잘하지는 못해서 우리는 그 모습을 보고 조용히 키득댔지요.
그가 원반을 던지려고 하면 달아나 숨기도 했답니다. 원반에 맞을지도 모르잖아요?

매일 저녁 일을 마친 그는 작업실을 나오며 우리에게 잘 자라는 인사를 했어요.
우리는 그가 친구들을 만난다고 생각했어요. 언제나 그렇듯이요.
그런 뒤 그는 엄마와 여동생들이 있는 집으로 돌아갔어요.
우리는 다음 날 아침에야 그를 보곤 했지요.

제가 에밀리에 관해 이야기하고 있었죠?
에밀리는 클림트의 친구예요.
에밀리와 자매들은 빈에서 아주 유명한 의상실을 운영했어요.
'플뢰게 시스터즈'라는 의상실이었어요.
보통의 의상실은 파리와 런던에서 유행하는 옷을 가져다가 똑같이 만들어서 팔았어요.
하지만 에밀리는 자신만의 스타일로 직접 디자인했지요.
이들이 만든 옷은 유행하는 옷과는 확연히 달랐어요.
죄거나 끼는 곳 없이 넓고 편안해서 여자들이 코르셋 없이도 자유롭게 움직일 수 있었어요.
구스타프도 작업복을 직접 디자인하여 그림을 그릴 때마다 그 옷을 입었답니다.

우리는 에밀리의 가족과 함께 여름휴가를 떠났어요.
매년 여름이면 산 아래에 있는 아터제 호수로 향했죠.
이곳은 그가 가장 좋아하는 장소였고, 여기 와서도 일을 쉬지 않았어요.
일 없이는 살 수 없는 사람이었으니까요.
아침이면 배에 캔버스, 이젤, 물감을 싣고 그림을 그리러 호수 한가운데로 나갔어요.
그곳에서 물과 물에 반사된 그림자를 연구했답니다.
가장 좋은 구도를 얻기 위해 주머니에는 항상 작은 상아 액자를 가지고 다녔지요.
작업을 시작하기 전에는 꼭 액자를 통해 경치를 바라봤어요.
휴일이 되면 구스타프는 자연에 몸을 내맡기고 풍경만을 그렸어요.
그 어떤 인간도, 인위적인 무엇도 그리지 않았지요.

빈으로 돌아온 구스타프는 작업실에서 새 작품을 시도했어요.
때때로 그는 자신을 다른 사람들에게 행복을 가져다줄 준비가 된 기사처럼 여기는 것 같았어요.
그림을 통해 병마, 질투, 어리석음과 싸우며 악마를 물리치는 자신의 모습을 상상하곤 했지요.
시나 음악으로 이런 싸움을 이어 가는 사람들도 있는 것처럼요.

구스타프는 제체시온 건물에 있는 방에서 이런 생각을 그림으로 그렸어요.
위대한 베토벤에게 바치는 전시회에 벽화를 그리기도 했지요.

이 긴 벽화가 완성되자 구스타프는 다시 본인의 작업실에서 일을 시작했어요.
보통은 여자들을 그렸어요.
빈의 상류사회 여성들을 비롯해 화려한 금색 옷을 입은
아델레 블로흐 바우어 같은 여성을 그렸지요.
그는 젊고 나이 든 여자, 옷을 벗거나 입은 여자를 상상했어요.
그러다 여성의 세 시기를 그리고 싶어졌답니다.
바로 소녀, 엄마, 할머니였죠.
진짜처럼 보이도록 그리기 위해 얼마나 많은 모델을 스케치해야 했는지 몰라요.

〈여성의 세기〉에는 사랑에 빠지는 순간이 없었어요.
어떻게 구스타프는 그걸 잊을 수 있죠?
나는 구스타프에게 말해 주려다가 그가 새로운 그림을 그리는 모습을 보았어요.
연인의 입맞춤이었지요.
그는 이미 수년 전 연인을 그렸어요.
하지만 이제는 작품에 금빛 잎사귀를 넣고 기하학적인 형태로 장식하고 있었어요.
옷에는 다른 모양을 넣었지요.
여자에게는 둥근 모양을, 남자의 옷에는 각진 모양을 넣었죠.
옷의 모양으로 이들은 분명히 구분되었지만, 이 연인은 너무 꼭 껴안고 있어서 마치 하나처럼 보였어요.
그림을 보면서 우리가 라벤나의 모자이크 앞에서 몇 시간이고 보냈던 시간을 떠올렸답니다.
그는 수없이 많은 금색 유리 모자이크에서 얻은 영감을 표현하려는 것 같았어요.

구스타프는 사랑에 대한 생각에 푹 빠져 있어서 거지가 구걸하는 소리도 듣지 못했어요.
그는 항상 배고픈 이들에게 돈을 주었거든요.
하지만 작품에 집중하고 있을 때는 아무것도 귀에 들리지 않았어요.
그는 가난한 사람들을 위해 문 앞에 동전이 가득 든 접시를 놓아두었어요.
구스타프는 화가로서도, 고양이 주인으로서도 특별했어요. 매우 너그러웠죠.

그는 같은 화방에서 물감을 사곤 했는데,
그 화방이 파산할 지경이라는 소식을 듣고 그곳의 모든 물감을 사서 주인을 도왔어요.
이상하게도 그가 그림에 더 많은 금을 칠할수록 그를 위한 금은 줄어들었어요.
그는 돈을 버는 족족 써 버렸으며 저금 같은 건 생각하지도 않았죠.
저금통이 필요 없다는 말도 했어요.
"돈을 모으는 것은 비열한 짓이야."

앞에서 말했지만, 구스타프는 마음이 너그럽고 기운이 넘쳤어요.
큰 소리로 떠들고 크게 웃었죠. 하지만 때로는 풀이 죽기도 했지요.
젊은 예술가와 학생들이 더는 그의 예술을 따르지 않았거든요.
"사람들이 더 이상 날 이해하지 못해."
구스타프는 말했어요.
"날 기억이나 하는지 모르겠어."
하지만 이런 일은 늘 있기 마련이며 그는 세상이 어떻게 돌아가는지 잘 알고 있었어요.
과거에 구스타프가 새로운 스타일을 이끌었다면, 이제는 젊은 세대가 그 역할을 하고 있었어요.

하지만 그는 한 번 더 나를 놀라게 했어요. 다시 용기를 내어 화풍을 바꾼 것이죠.
요람에 있는 갓난아기를 위해 수많은 색을 사용하고, 날카로운 모서리 대신 부드러운 테두리를 그렸어요.
그림에서 금색과 기하학 도형은 거의 다 사라졌어요.
나는 언제나처럼 그가 작업하는 모습을 지켜본답니다.
기름과 물감과 캔버스 냄새를 맡으면서요.

〈유디트〉, 1901

〈아기(요람)〉, 1917-1918

〈사랑〉, 1895

〈아델레 블로흐-바우어의 초상 I〉, 1907

〈에밀리 플뢰게의 초상〉, 1902

어느 날 구스타프가 나에게 말했어요.
"말을 하는 것도, 쓰는 것도 내게는 쉽지 않아.
심지어 나와 내 작품에 관해 말하는 것도 말이야."
그날이었어요.
그와 함께 지낸 고양이 중 가장 나이 많은 내가 결심한 날이요.
나는 언제까지나 그를 따르며 구스타프의 이야기를 하기로 했답니다.

구스타프 클림트는 1918년에 사망했어요.
그의 작품 일부를 책에 실어 두었어요.
누가 알겠어요?
언젠가 구스타프 클림트의 작품이 있는
로마, 베니스, 오스트리아, 독일,
미국, 벨기에, 혹은 스위스에 가서
그림을 직접 감상하고 싶은 날이 올지 말이에요.

〈베토벤 프리즈〉, 1902

〈기사(베토벤 프리즈의 일부)〉, 1902

〈여성의 세시기〉, 1905

〈음악〉, 1895